5

2

4

1

3

5

6

2

1

★★★

3

6

3

2

7

★★★

3

4

7

★★★

3

3

12

6

1

5

4

2

2

★★★

3

★★

2

5

9

10

6

4

15

12

6

7

8

8

9

4

4

Agora, vamos praticar o inverso: primeiro, veja o resultado. Depois, combine os números que formam esse resultado.

DIVERSÃO COM MATEMÁTICA

VAMOS FAZER CONTINHAS DE MENOS

Vamos aprender!
PARA
APRENDER
BRINCANDO!
DIVERSÃO COM
MATEMÁTICA
com 42 combinações
9
2
7
8
VAMOS FAZER CONTINHAS DE MENOS